Wollen Sie Ihren Geburtstag dieses Jahr groß feiern? Oder möchten Sie vielleicht die goldene Hochzeit Ihrer Großeltern ausrichten oder Ihren Vater mit einer Feier zu seinem Ruhestand überraschen? In diesem Buch finden Sie die passenden Einladungskarten für (fast) jedes Alter und für all die Anlässe, zu denen man gerne in einem feierlichen Rahmen zusammenkommt.

Der Clou: Dank Vorlagen, Formulierungshilfen und Formatvorlagen auf CD-ROM ist Ihnen die mühelose Serienproduktion garantiert. Besonders und individuell werden die Karten durch die Kombination mit auffallend schönen Papieren und durch die Möglichkeit, eigene Fotos einzubinden. Feiern Sie schön!

Zitate und Sprüche für besondere Anlässe

Mit zwanzig regiert der Wille, mit dreißig der Verstand und mit vierzig das Urteilsvermögen.

Benjamin Franklin

Alter ist irrelevant, es sei denn, du bist eine Flasche Wein.

Joan Collins

Das Datum kann noch so krumm sein, irgendwann wird eine runde Sache daraus.

Ulrich Greiner

Jeder, der sich die Fähigkeit erhält, Schönes zu erkennen, wird nie alt werden.

Franz Kafka

**Mit fünfzig ist man so jung, dass man noch viele Dummheiten machen kann –
aber alt genug, um sich die richtigen auszusuchen.**

Verfasser unbekannt

Alter schützt vor Liebe nicht, aber Liebe schützt bis zu einem gewissen Grad vor Alter.

Jeanne Moreau

Einen Menschen zu lieben, heißt einzuwilligen, mit ihm alt zu werden.

Albert Camus

Textvorschläge Einladungen

Jetzt wird gefeiert!

Ich lade Euch herzlich zu meiner Geburtstagsfeier ein.

Am 16. August, ab 15 Uhr, in den Klosterstuben, Bergstraße 12.

Wir beginnen mit Kaffee und Kuchen. Ab 19 Uhr gibt es ein Buffet mit kalten und warmen Leckereien.

Ohne Euch wär nichts zu machen,
Ohne Euch gäb's nichts zu lachen,
Ohne Euch müsst ich der Freud' entsagen.
Darum seid Ihr herzlichst eingeladen.

So schnell vergangen ist die Zeit,
nun ist es auch bei mir soweit.
40 wird man nicht alle Tage,
dies feiern wir, gar keine Frage.
Bei gutem Essen, Sekt und Bier,
gibt's eine Party hier bei mir!
Deshalb lade ich Dich ein,
bei diesem Fest mein Gast zu sein.

Ich red' nicht drum rum,
ich sag's Euch gleich:
an Tagen bin ich wirklich reich!
23 741 sind es nun
doch es gibt noch viel zu tun.
Ich lad' Euch ein – seid meine Gäst'
zu meinem 65. Geburtstagsfest.

Kaum zu glauben: Fünfzig Jahr!
Nun sind auch wir ein „Goldenes Paar".
Wir laden herzlich ein, am 16. Mai, zum Tanz!
Verleihen Sie dem Abend Glanz!
Und wer nicht tanzt, sei nicht besorgt,
fürs leibliche Wohl ist auch gesorgt.
Um 17 Uhr ist der Start.
Beehrt uns Ihre Gegenwart?

Auf zum Feiern

fröhlich bunt

MATERIAL

KARTE MIT MUFFINS

* Doppelkarte in Orange, DIN lang
* Fotokartonbogen buntes Patchwork
* Transparentpapier in Creme, A4
* Plusterliner in Hautfarben
* 3 Halbperlen in Weiß, ca. ø 4–5 mm
* 3D-Klebepads, 1 mm
* doppelseitiges Klebeband in Transparent, 5 mm breit

KARTE MIT SEKTFLASCHE

* Doppelkarte in Pink, B6
* Transparentpapier mit Streifen in Violett-Schwarz, A4
* Seidenkarton in Schwarz-Silber, A4
* Glitter-Karton in Schwarz und Silber, Reste
* Tonpapier in Silber, Rest
* Motivstanzer: Stern, ø 2 cm
* 3D-Klebepads, 1 mm

Karte mit Muffins

1 Die Schrift auf das Transparentpapier drucken und ein 12 cm breites Stück der Länge nach abschneiden. Um den Kartenrücken knicken und auf der Rückseite mit doppelseitigem Klebeband befestigen.

2 Muffinschablonen ausdrucken. Nach der Schablone je ein Unterteil aus gepunktetem Karton in Orange, Hellblau und Pink und je ein „Oberteil“ aus dem Blütenkarton in Gelb, Hellblau und Rosa ausschneiden. Die Ober- und Unterteile jeweils farblich passend zusammenkleben.

3 Die Konturen der Muffin-Oberteile nun mit dem Plusterliner nachziehen und einen dickeren Punkt Plusterfarbe auf die Muffinspitze setzen. In den noch feuchten Plusterliner die Halbperle eindrücken und alles zusammen gut durchtrocknen lassen. Dann die Plusterfarbe mithilfe eines Fönes aufplustern.

4 Die fertig „gebackenen“ Muffins nun mit 3D-Klebepads auf die Mitte der Karte, zur Hälfte über dem Transparentpapier, aufbringen.

Karte mit Sektflasche

1 Schrift auf das Transparentpapier drucken und auf die Höhe der Karte und in der Breite auf 11 cm zuschneiden. Kleben Sie das Transparentpapier so um den Kartenrücken, dass auf der Vorderseite der Karte zwischen der Kante und dem Schriftzug etwa 3 cm Abstand bleiben. Bringen Sie den Klebstoff am besten nur in diesem Bereich auf.

2 Aus dem schwarzen Seidenkarton einen 3 cm breiten und der Höhe der Karte entsprechend langen Streifen schneiden und an die geschlossene Kante der Karte über das Transparentpapier kleben.

3 Die Schablone für die Sektflöten und die Flasche ausdrucken. Die Sektflöten aus dem schwarzen Seidenkarton und die Flasche aus dem schwarzen Glitter-Karton ausschneiden. Die Streifen für die Sektflöten aus silbernem Glitter-Karton ausschneiden und den Stern ausstanzen. Flaschenhals und Korken aus dem silbernen Tonpapier scheiden. Alle Teile auf die Gläser und die Flasche kleben. Überstehende Ränder können Sie nun eventuell mit einer kleinen Schere abschneiden.

4 Nun noch die Gläser und die Flasche mit 3D-Klebepads aufkleben.

EINLADUNG
EINLADUNG

EINLADUNG

Jetzt wird's lecker

für Feste mit „Geschmack“

MATERIAL

KARTE ASIA

* Doppelkarte in Purpur-Rot, DIN lang
* Transparentpapier mit Karomuster in Weiß oder bedruckbare Strohseide, A4
* Fotokarton in Weiß und Rot, Reste
* Decopatch-Papier in Rot mit asiatischen Schriftzeichen, Rest
* Serviettenkleber matt
* kleiner Cellophanbeutel oder Geschenkfolie
* etwas bunter Reis
* Essstäbchen aus Holz

KARTE MESSER, GABEL, LÖFFEL

* Doppelkarte in Purpur-Rot, DIN lang
* Motivkarton in Hellgrün mit Punkten, A4
* Motivkarton in Hellgrün mit Streifen, A4
* Motivkarton in Rot-Weiß kariert, A4
* kleine Buchstaben-Suppennudeln
* Permanent-Marker in Rot
* Streuglitter in Hellgrün
* Tacky Tape, 12 mm breit
* 3D-Klebepads, 1 mm

Karte Asia

1 Auf einen ca. 4 cm breiten und 22 cm langen Fotokartonstreifen in Weiß oder Rot ein Stück Decopatch-Papier mit asiatischen Schriftzeichen mit Serviettenkleber aufkleben. Hierzu den Karton zunächst mit Kleber bestreichen, das Decopatch-Papier darüber legen und mit viel Kleber erneut einstreichen. Trocknen lassen.

2 Schrift auf das Transparentpapier drucken und ein 15 cm breites Stück abschneiden. Achten Sie darauf, dass sich die Schrift in einem Abstand von ca. 4 bis 4,5 cm vom rechten Rand des Transparentpapiers befindet. Das Transparentpapier so um den Kartenrand kleben, dass der Text am linken Kartenrand steht.

3 Aus rotem Fotokarton ein 5 cm x 5 cm großes Quadrat ausschneiden. Einen Cellophanbeutel oder Folie mit dem Reis befüllen, sodass die Fläche des Quadrates ausgefüllt ist. Die befüllte Folie auf das Fotokartonquadrat kleben, am besten geht das, wenn Sie es wie ein Geschenke verpacken. Auf der Rückseite einfach mit Klebeband zukleben.

4 Den getrockneten Streifen mit dem Decopatch-Papier auf einen 3 cm breiten Streifen zuschneiden und auf das Ende des Transparentpapiers kleben.

5 Das Reisquadrat in die untere rechte Ecke der Karte über das Decopatch-Papier aufkleben.

6 Nun noch die zwei Essstäbchen auf die Kartenlänge kürzen und mit Alleskleber diagonal auf die Karte kleben. Stäbchen ggf. kürzen.

Karte Messer, Gabel, Löffel

1 Zuerst suchen Sie aus den Nudeln die Buchstaben für EINLADUNG heraus und malen diese mit dem Permanent-Marker rot an.

2 Einen geraden Streifen des Tacky Tape im Abstand von etwa 1 cm der Länge nach an den linken Kartenrand kleben. Die roten Buchstabennudeln EINLADUNG von oben nach unten auf dem Tacky Tape befestigen. Den restlichen Streifen mit Buchstabennudeln bekleben. Zum Schluss noch Glitter über die Klebefläche streuen, um die Zwischenräume der Nudeln abzudecken.

3 Drucken Sie die Vorlage für Messer, Gabel und Löffel aus und übertragen Sie diese jeweils auf den Motivkarton. Zuerst Löffel und Messer aufkleben, dann die Gabel mit 3D-Klebepads darüber fixieren.

Kaffee oder Tee?

Einladung zum Kaffeekränzchen

MATERIAL
KARTE MIT TEEBEUTEL

* Doppelkarte in Weiß, DIN lang
* Motivkarton „Friesen-Patchwork", A4
* Glitter-Karton in Rot, Rest
* feiner Lackstift in Weiß
* Teebeutel
* 3D-Klebepads, 1 mm

KARTE MIT KAFFEETASSE

* Doppelkarte in Schokobraun, 13,5 cm x 13,5 cm
* Transparentpapier in Creme, A4
* Fotokarton in Mittelbraun, A4
* Glitter-Karton in Sand, A4
* doppelseitiges Klebeband in Transparent, 5 mm breit

Karte mit Teebeutel

1 Aus dem Motivkarton vier Quadrate als Streifen ausschneiden und längs auf die Karte kleben.

2 Die Vorlagen ausdrucken. Mithilfe der Vorlagen können Sie nun die Teekanne und die Tasse aus dem Motivkarton ausschneiden. Den Deckel, die Untertasse und das Teebeutel-Etikett schneiden Sie aus dem roten Glitter-Karton aus. Anschließend kleben Sie alle Teile zusammen.

3 Das Etikett des Teebeutels abschneiden. Die Teekanne mit 3D-Pads aufkleben. Alle anderen Teile ebenfalls auf die Karte aufbringen. Dabei den Faden des Teebeutels unter dem Glitter-Etikett befestigen.

4 Nun noch das Glitter-Etikett mit dem Lackstift beschriften.

Karte mit Kaffeetasse

1 Drucken Sie die Schrift auf das Transparentpapier und schneiden Sie anschließend ein 13,5 cm x 13,5 cm großes Quadrat daraus aus.

2 Die Vorlagen ausdrucken. Mithilfe der Vorlage das untere Stück vom „Kaffee-Dampf" aus dem Transparentpapier Quadrat ausschneiden. Das Transparentpapier in der Mitte falten und um den Kartenrücken herum mit transparentem Klebeband an der Kartenrückseite befestigen.

3 Aus dem übriggebliebenen Transparentpapier schneiden Sie ein weiteres Stück für den Dampf aus. Dieses kleben Sie als Negativ gegen die ausgeschnittene Stelle. Noch ein weiteres kleines Stück daneben setzen.

4 Mithilfe der Vorlage die Tasse aus braunem Fotokarton, die Untertasse und alle restlichen Teile aus dem Glitter-Karton ausschneiden und aufkleben.

EINLADUNG
Einladung
Tea Time

30
Einladung
EINLADUNG 30
30 Einladung
85555

Ein Grund zum Feiern

heiter und beschwingt

MATERIAL

KARTE MIT GITARRE

* Karte in Weiß, B6
* Hologramm-Karton in Silber, A4
* Glitter-Karton in Schwarz, A4
* Transparentpapier in Weiß, A4
* 3D-Klebepads, 2 mm
* doppelseitiges Klebeband in Transparent, 5 mm breit

KARTE MIT LUFTBALLONS

* Doppelkarte in Flieder, DIN lang
* Glitter-Karton in Dunkelblau, Grün, Hellgrün und Hellblau, A4
* Hologramm-Karton in Silber und Lila, A4
* Motivstanzer: Luftballon, ø ca. 2cm
* doppelseitiger Ziersticker „Einladung"
* Streu-Glitter Hellgrün
* 3D-Klebepads, 1 mm und 2 mm
* feiner Gel-Schreiber oder Lackstift in Silber

Karte mit Gitarre

1 Das Transparentpapier mit der Banderole bedrucken und auf 8 cm Höhe und ca. 11,5 cm Breite, entsprechend der Breite der Karte, zuschneiden.

2 Schneiden Sie entsprechend der Kartengröße aus dem Hologramm-Karton ein Dreieck zu. Kleben Sie dieses mit Alleskleber auf die obere Ecke der Karte.

3 Die Banderole etwa in der Kartenmitte an den Seiten mit schmalem doppelseitigem transparentem Klebeband festkleben.

4 Nach der Vorlage die Gitarre aus Glitter-Karton ausschneiden und mit ein paar 3D-Klebepads aufkleben.

Karte mit Luftballons

1 Den Schriftzug „Einladung" am unteren Rand in der Mitte der Karte aufkleben. Streuen Sie dann den hellgrünen Glitter darüber. Überschüssigen Glitter können Sie abklopfen.

2 Die „30" mithilfe der ausgedruckten Schablone aus dunkelblauem Glitter-Karton ausschneiden und mit 3D-Klebepads (2 mm) über den Schriftzug kleben.

3 Mit dem Motivlocher aus dem Glitter-Karton und Hologramm-Karton in jeder Farbe etwa 5 bis 7 Luftballons ausstanzen. Diese für die „Luftballontraube" einfach bunt durcheinander und überlappend mit Alleskleber aufkleben. Für den 3D-Effekt noch einige Luftballons mit 3D-Klebepads in 1 mm und 2 mm Stärke abwechselnd auf die bereits aufgeklebten Luftballons aufsetzen. Nun noch mit dem Gel-Schreiber ein paar Luftballonschnüre aufmalen.

Eine runde Sache

jetzt wird gefeiert

MATERIAL

BLAUE KARTE

* Doppelkarte in Mittelblau, DIN lang
* Motivkarton „Einladung“ in Blau-Grün, A4
* Glitter-Karton in Dunkelblau und Hellgrün, Reste
* Motivstanzer: Spirale, klein
* Motivstanzer: Stern, mittel

KARTE Ü 40 PARTY

* Hologramm-Karton in Lila und Silber, A4
* bedruckbarer Metallic-Karton in Weiß, A4
* Transparentpapier in Weiß, A4
* doppelseitiges Klebeband in Transparent, 10 –15 mm breit
* Hilfreich: Schneidegerät mit zusätzlichem Falzmesser zum Schneiden und Knicken der Karten

Blaue Karte

1 Aus dem Motivkarton einen ca. 6 cm breiten Streifen wellenförmig entlang der Schrift ausschneiden. Mit Alleskleber im oberen Teil der Karte über die gesamte Länge der Karte kleben. Eventuell überstehenden Karton an den Kartenrändern entlang der Karte abschneiden.

2 Die „40“ mithilfe der ausgedruckten Schablone aus hellgrünem Glitter-Karton ausschneiden und mit Alleskleber aufkleben.

3 Nun noch ein paar Spiralen aus dem blauen und hellgrünen Glitter-Karton ausstanzen und verteilt auf den Motivkarton kleben. Zum Schluss noch einen Stern aus blauem Glitter-Karton ausstanzen und an die obere Ecke der „40“ kleben.

Karte Ü 40 Party

1 Die Karte wird aus dem lila Hologramm-Karton geschnitten und gefaltet. Dazu aus dem A4 Bogen ein Stück 23 cm x 17,5 cm zuschneiden. Den Zuschnitt in der Mitte der langen Seite (bei 11,5 cm) knicken, bzw. falzen.

2 Die silbernen „Strahlen“ mithilfe der Vorlage aus dem silbernen Hologramm-Karton ausschneiden und nach der Vorlage mit Alleskleber auf die Karte aufbringen.

3 Die „Party-Damen“ inklusive der Sternvorlage auf den weißen Metallic-Karton drucken. Schneiden Sie den Stern aus und kleben Sie ihn in die Mitte der Karte.

4 Die Banderole „Ü 40 Party“ auf das weiße Transparentpapier drucken und daraus einen ca. 1,5 cm breiten Streifen ausschneiden und mithilfe des transparenten doppelseitigen Klebebandes quer über die Karte kleben. Die überstehenden Enden um die Karte herum kleben oder entlang der Karte abschneiden.

Mein Tipp für Sie

Plastisch Ein bisschen mehr Pepp bekommt die blaue Karte, wenn Sie die „40“ und auch den Stern mit 3D-Klebepads aufbringen.

Einladung · Einladung · Einladung
40
Ü 40 PARTY

Einladung
EINLADUNG
50
Mit 50 ist man so jung, dass man noch viele Dummheiten machen kann – aber alt genug, um sich die richtigen auszusuchen.
Herzliche Einladung zu meinem Geburtstag

Stolze 50 Jahre

darauf stoßen wir an!

MATERIAL

ROTE KARTE

* Doppelkarte in Bordeaux, 13,5 cm x 13,5 cm
* Transparentpapier in Creme, A4
* Glitter-Karton in Sand, A4
* geprägter Seidenkarton in Himbeerrot/Gold, A4
* doppelseitiges Klebeband in Transparent, 5 mm breit
* 3D-Klebepads, 2 mm

BLAUE KARTE

* Doppelkarte in Mittelblau, B6
* Transparentpapier in Hellblau, A4
* Prägekarton „Roma" in Weiß, A4
* doppelseitiges Klebeband in Transparent, 3 mm breit

Rote Karte

1 Schneiden Sie aus dem Glitter-Karton ein Quadrat in der Größe 11 cm x 11 cm zu und kleben Sie dieses mit Alleskleber mittig auf die Karte.

2 Den Text auf das cremefarbene Transparentpapier drucken und das Papier als Quadrat in der Größe 9 cm x 9 cm zuschneiden. Das Quadrat kleben Sie mit doppelseitigem Klebeband mittig auf die Karte.

3 Zahlen und Ornamente ausdrucken und eine Schablone aus Fotokarton anfertigen. Mithilfe der Schablone auf den Seidenkarton übertragen und ausschneiden. Mit Klebepads auf die Karte aufbringen.

Blaue Karte

1 Aus dem Prägekarton einen 9 cm breiten und ca. 16,5 cm langen (entsprechend der Kartenhöhe) Streifen zuschneiden und in die Mitte der Karte kleben.

2 Schrift und Bild auf das Transparentpapier drucken und als 6 cm breiten und ca. 16,5 cm langen (entsprechend der Kartenhöhe) Streifen zuschneiden. Diesen über dem weißen Prägekarton als Banderole zentrieren und mit doppelseitigem Klebeband am oberen und unteren Rand der Karte festkleben.

Mein Tipp für Sie

Spiegelverkehrt Die Schablonen am besten spiegelverkehrt auf der Rückseite des Seidenkartons aufmalen, da sich der Bleistift von der Vorderseite schlecht wegradieren lässt.

60 Jahre jung

Zeit zum Feiern

MATERIAL

ROTE KARTE

* Doppelkarte in Mittelrot, 13,5 cm x 13,5 cm
* Motivtransparentpapier „Marmoriert" in Weiß, A4
* Metallic-Vlies in Dunkelrot, A4
* selbstklebendes Dekoband „Ornament" in Silber
* doppelseitige Klebefolie in Transparent, A4
* doppelseitiges Klebeband in Transparent, 5 mm breit
* Motivschere Viktorianisch

BRAUNE KARTE

* Doppelkarte in Schokobraun, DIN lang
* geprägter Seidenkarton in Hellblau/Silber, A4
* Fotokarton in Silber, A5
* doppelseitige Ziersticker „Einladung"
* Embossingpulver in Silber
* Heißluftfön oder Toaster
* 3D-Klebepads, 2 mm

Rote Karte

1 Den Text und das Bild auf das Transparentpapier drucken und als ca. 13,5 cm breiten Streifen (entsprechend der Kartenhöhe) zuschneiden. Die rechte und linke Seite schneiden Sie jeweils mit der Motivschere ab. Befestigen Sie das Transparentpapier um den Kartenrücken herum mit doppelseitigem Klebeband. Dabei etwa 3 cm Abstand zum rechten Kartenrand halten.

2 Aus dem Metallic-Vlies einen ca. 5 cm breiten Streifen zuschneiden und mithilfe der transparenten doppelseitigen Klebefolie ebenfalls um den Kartenrücken über das Transparentpapier kleben. Überstehendes Vlies entlang des Kartenrandes abschneiden.

3 Nun noch einen Streifen des selbstklebenden Dekobandes mittig auf die Kante des Vlies kleben.

Braune Karte

1 Aus dem Seidenkarton einen ca. 6 cm breiten Streifen schneiden und mit ca. 1 cm Abstand vom Kartenrand mit Alleskleber auf die Karte aufkleben. Überstehendes Papier an den Kanten abschneiden.

2 Die „60" mithilfe der ausgedruckten Schablone aus dem silbernen Fotokarton schneiden und mit 3D-Klebepads auf dem Seidenkartonstreifen befestigen.

3 Nun kleben Sie den doppelseitigen Sticker „Einladung" auf den unteren Teil der Karte. Bestreuen Sie ihn großzügig mit dem Embossingpulver. Überschüssiges Pulver abklopfen und das Embossingpulver auf dem Sticker mithilfe eines Heißluftfönes oder Toasters schmelzen.

Mein Tipp für Sie

Kleinteilig Die „Innenräume" der Zahlen mit einem Cutter an den geraden Seiten einschneiden, die Rundungen dann mit einer Nagel- oder Silhouettenschere schneiden.

Kaum zu glauben,
aber wahr
nun wird sie stolze
60 Jahr !
60
Einladung

Kornblumen
Mischung
Astern
Strahlen Mischung
Bin ab jetzt im Garten ...
65
Einladung
Wie herrlich ist
es, nichts zu tun
und dann vom
Nichtstun aus zu
ruhn.

Mit 65 Jahren, da fängt das Leben an

mit Schwung in den Ruhestand

MATERIAL

KARTE „BIN AB JETZT IM GARTEN“

* Doppelkarte in Apfelgrün, DIN lang
* Transparentpapier in Creme, A4
* Motivkarton gestreift, „Glück“, A4
* 3D-Klebepads, 1 mm
* doppelseitiges Klebeband in Transparent, 5 mm breit

KARTE STRANDKÖRBE

* Doppelkarte in Marineblau, DIN lang
* Transparentpapier in Weiß, A4
* Kopier- oder Fotopapier, A4
* Glitter-Karton in Hellblau, A5
* 3D-Klebepads, 1 mm
* doppelseitiges Klebeband in Transparent, 3 mm breit

Karte „Bin ab jetzt im Garten“

1 Den Text auf das Transparentpapier drucken und ein 3 cm breites Stück mit dem Text in der Mitte vom Papierbogen abschneiden. Das Transparentpapier der Kartenlänge nach im oberen Teil der Karte mit doppelseitigem Klebeband befestigen.

2 Aus dem Motivkarton einen schmalen Streifen für den oberen Rand des bereits aufgeklebten Transparentpapiers schneiden und aufkleben.

3 Schneiden Sie nun einen weiteren, breiteren Streifen entsprechend der Motive mit Zwergen und Pilzen aus dem Motivkarton aus und kleben Sie diesen auf den unteren Rand der Karte.

4 Die „65“ mithilfe der ausgedruckten Schablone aus einem passenden Stück des Motivkartons ausschneiden und mit 3D-Klebepads auf der Karte befestigen.

Karte Strandkörbe

1 Das Foto mit dem Text auf Kopier- oder Fotopapier ausdrucken und im Format 6 cm x 12 cm ausschneiden. Mit ca. 7,5 cm Abstand zum oberen Kartenrand in die Mitte der Karte kleben.

2 Text auf Transparentpapier ausdrucken. Einen 3,5 cm breiten Streifen über die ganze Papierlänge ausschneiden und als Banderole leicht schräg über den oberen Rand des ausgeschnittenen Fotos kleben. Jeweils am rechten und linken Rand der Karte mit doppelseitigem transparentem Klebeband befestigen.

3 Schneiden Sie die „65“ mithilfe der ausgedruckten Schablone aus dem hellblauen Glitter-Karton aus und befestigen Sie diese mit Klebepads auf der Karte.

Goldene Zeiten

mit Schwung ins neue Lebensjahr

MATERIAL

KARTE IN KUPFER

* Doppelkarte in Lachs, DIN lang
* Transparentpapier in Lachs, A4
* Metallic-Vlies in Kupfer, A4
* Fotopapier, A4
* doppelseitige Klebefolie in Transparent, A4
* 3D-Klebepads, 1 mm
* doppelseitiges Klebeband in Transparent, 3 mm breit

KARTE IN GRÜN

* Doppelkarte in Tannengrün, DIN lang
* Transparentpapier „Lebensbaum“, A4
* Tonpapier oder Briefpapier in Apfelgrün, A4
* Glitter-Karton in Hellgrün, A4
* Fotokarton in Dunkelbraun, Rest
* Fotopapier, A4
* Motivstanzer: Ahornblatt, ø ca. 5 cm
* Dekorzahl „75“ in Gold
* 3D-Klebepads, 1 mm und 2 mm
* doppelseitiges transparentes Klebeband, 3 mm breit

Karte in Kupfer

1 Aus dem kupferfarbenen Vlies einen 9 cm breiten Streifen schneiden, auf die transparente Klebefolie kleben und der Länge nach über die Mitte der Karte kleben.

2 Die Schrift auf das Transparentpapier drucken und als etwa 7 cm breiten Streifen ausschneiden. Oben und unten mit doppelseitigem Klebeband in der Mitte des Vlies-Streifens aufkleben.

3 Drucken Sie das Foto auf Fotopapier aus und schneiden Sie es zurecht. Bringen Sie das Foto mit den Klebepads in der Freifläche zwischen dem Text auf dem Transparentpapier auf.

Karte in Grün

1 Einen 12 cm breiten und 21 cm langen Streifen aus dem Motiv-Transparentpapier schneiden, der Länge nach in der Mitte falten und mit doppelseitigem transparenten Klebeband um den Kartenrücken kleben. Ein Klebestreifen auf der Rückseite der Karte, nah am Kartenfalz, reicht hierfür völlig aus. Das übrige Transparentpapier wird später durch die Blätter befestigt.

2 Text auf das apfelgrüne Briefpapier drucken und daraus mit dem Motivstanzer 4 bis 5 Blätter ausstanzen.

3 Drucken Sie nun das Foto auf Fotopapier aus und stanzen Sie es so mit dem Motivlocher aus, dass möglichst viel von dem Foto auf dem Blatt zu erkennen ist.

4 Weitere Blätter aus dem braunen Fotokarton, dem Motiv-Transparentpapier und dem Glitter-Karton ausstanzen. Eine Schicht Blätter direkt auf die Karte aufkleben. Darüber weitere Blätter mit 3D-Klebepads in 1 mm und 2 mm Stärke arrangieren. Auf eines der brauen Blätter die goldene „75“ aufkleben.

Mein Tipp für Sie

Detailverliebt Bei der Anordnung der Blätter darauf achten, dass die Schrift „Einladung“ lesbar ist und das Foto des Geburtstagskindes im Vordergrund liegt.

Die ersten vierzig Jahre unseres Lebens liefern den Text, die folgenden dreißig Jahre den Kommentar dazu.
Nun feiere ich meinen 70 sten Geburtstag !
Einladung
EINLADUNG
75

80
Einladung
Einladung
zum
80sten

Ganze 80 Jahre alt

und kein bisschen leise

MATERIAL

BRAUNE KARTE

* Doppelkarte in Schokobraun, B6
* Transparentpapier in Beige mit Druck „Einladung“, A4
* Seite aus einem alten Buch oder Zeitung
* Ziersticker „80“ in Glitter-Weiß/Gold, ca. 4 cm groß
* doppelseitiges Klebeband in Transparent, 3 mm breit

GRÜNE KARTE

* Doppelkarte in Tannengrün, B6
* Transparentpapier in Weiß mit alter Handschrift, A4
* geprägter Seidenkarton in Dunkelgrün/Gold, A4
* Dekorschere „Büttenrand“
* doppelseitiges Klebeband in Transparent, 3 mm breit

Braune Karte

1 Aus einem alten Buch, zum Beispiel vom Flohmarkt, aus einer Seite ein ca. 8,5 cm x 14,5 cm großes Stück ausreißen und in der Mitte der Karte aufkleben.

2 Nun reißen Sie ein etwa gleich großes Stück aus Transparentpapier aus. Kleben Sie dieses mit kurzen Streifen des transparenten doppelseitigen Klebebandes nur an den Ecken über die Buchseite.

3 Nun noch die „80“ in der Mitte des oberen Drittels aufkleben – fertig!

Grüne Karte

1 Schneiden Sie einen 3,5 cm breiten Streifen aus dem dunkelgrünen Seidenkarton aus. Dabei eine Seite mit der Dekorschere schneiden. Den Streifen am linken Kartenrand gerade ankleben.

2 Text und Bild auf das Transparentpapier drucken und als ca. 6 cm breiten Streifen an beiden Seiten mit der Dekorschere zuschneiden. Bringen Sie den Streifen als Banderole in der Mitte des unifarbenen Kartenteiles an. Am besten jeweils länger als die Karte lassen, oben und unten um die Karte herumknicken und von innen mit dem doppelseitigen Klebeband befestigen.

Zwei Herzen, ein Weg

25 Jahre vereint

MATERIAL

KARTE IN GRÜN

* Doppelkarte in Apfelgrün, DIN lang
* Tonpapier in Silber, A4
* geprägter Seidenkarton in Apfelgrün/Silber, A4
* Glitter-Karton in Silber, A5
* Tonpapier in Perlweiß, A4
* Motivstanzer: Herz in XXL
* Ziersticker „Einladung" in Silber
* Tischstreu „25" in Silber

KARTE IN BLAU

* Doppelkarte in Blau Metallic, B6
* Deko-Vlies in Weiß mit Blüten in Weiß/Silber
* selbstklebendes Schleifenband „Ornamente" in Silber
* Stempel: Einladung, im Hochformat
* Embossingpulver in Silber-Glitter
* transparentes Embossing-Stempelkissen
* Heißluftfön oder Toaster
* Tischstreu „25" in Silber
* doppelseitiges Klebeband in Transparent, 5 mm breit

Karte in Grün

1 Aus dem silbernen Tonpapier einen 8 cm breiten Streifen schneiden und der Länge nach mit ca. 0,5 cm Abstand zur Faltkante der Karte aufkleben.

2 Einen 6,5 cm breiten Streifen aus dem apfelgrünen Seidenkarton schneiden und in die Mitte des silbernen Streifens kleben.

3 Das Foto auf dem perlweißen Papier ausdrucken und das Brautpaar mit dem Herzlocher ausstanzen. Das ausgestanzte Herz kleben Sie so auf den Seidenkartonstreifen auf, dass die linke Seite des Herzes in der Kartenmitte endet.

4 Stanzen Sie nun ein weiteres Herz aus dem silbernen Glitter-Karton und kleben Sie dieses etwas überlappend über das Fotoherz.

5 In die Mitte der zwei Herzen die silberne „25" aufkleben.

6 Nun noch auf den grünen Streifen der Karte den Ziersticker „Einladung" aufbringen.

Karte in Blau

1 Einen ca. 12 cm breiten und ca. 17 cm langen Streifen aus dem Deko-Vlies zuschneiden. Das Vlies mit doppelseitigem Klebeband etwa in der Mitte der Karte aufkleben. Um den Kartenrücken herum ziehen und ebenso auf der Rückseite ankleben. Schneiden Sie eventuell überstehendes Vlies am Kartenrand entlang ab.

2 Das selbstklebende Schleifenband der Kartenlänge entsprechend zuschneiden und auf die Vlieskante aufbringen.

3 Stempel „Einladung" mit der transparenten Stempelfarbe aufstempeln. Großzügig das Embossingpulver darüber streuen. Das überschüssige Pulver gründlich abklopfen und dann mithilfe des Heißluftfönes oder über dem Toaster schmelzen.

4 Abschließend kleben Sie nun noch die silberne „25" unten rechts auf die Karte.

25
Einladung
EINLADUNG
25

Einladung
Einladung

In guten wie in schlechten Zeiten

goldenes Jubiläum

MATERIAL

KARTE QUADRAT

* Doppelkarte in Champagner, 13,5 cm x 13,5 cm
* Glitter-Karton in Gold, A4
* geprägter Seidenkarton in Creme/Gold, A4
* Transparentpapier in Creme, A4
* Drucker-Fotopapier, A4
* doppelseitiger Ziersticker „Einladung“
* Embossingpulver in Gold
* Heißluftfön oder Toaster
* doppelseitiges Klebeband in Transparent, 5 mm breit
* Dekor-Schere „Büttenrand“

KARTE MIT OVALEM BILD

* Doppelkarte in Elfenbein, B6
* Dekor-Vlies in Creme mit Goldglitter-Ornamenten
* Konfetti „50“ in Gold
* Drucker-Fotopapier, A4
* doppelseitiges Klebeband in Transparent, 5 mm breit
* Ziersticker „Einladung“ in Gold
* 3D-Klebepads, 1 mm

Karte Quadrat

1 Schneiden Sie mit der Dekor-Schere aus dem goldenen Glitter-Karton ein Quadrat 10,5 cm x 10,5 cm aus. Das Quadrat diagonal auf die Mitte der Karte kleben und die überstehenden Ecken abschneiden.

2 Aus dem cremefarbenen Seidenkarton ebenfalls mit der Dekor-Schere ein 8,5 cm x 8,5 cm großes Quadrat ausschneiden und in die Mitte des Glitter-Quadrates kleben.

3 Das Foto auf Fotopapier ausdrucken und mit der Dekor-Schere zu einem Quadrat auf 6 cm x 6 cm zuschneiden. Dieses nun gerade in die Mitte des Quadrates aus Seidenkarton kleben.

4 Schneiden Sie nun aus der gesamten Länge des Transparentpapierbogens einen 3 cm breiten Streifen aus. Bringen Sie in ca. 11 cm Abstand von der rechten Seite des Streifens beginnend den Sticker „Einladung“ auf. Bestreuen Sie den Sticker großzügig mit dem goldenen Embossingpulver. Überschüssiges Pulver gut abklopfen und dann mit einem Heißluftfön oder über dem Toaster das Pulver schmelzen lassen. Nun den Streifen an der Karteninnenseite und auf der Kartenrückseite mit doppelseitigem Klebeband befestigen. Achten Sie darauf, dass der Schriftzug „Einladung“ mittig sitzt und nicht zuviel von dem Foto verdeckt.

Karte mit ovalem Bild

1 Aus dem Vlies einen ca. 6 cm breiten und ca. 16,5 cm (entsprechend der Kartenhöhe) Streifen schneiden und am linken Kartenrand jeweils oben und unten mit einem Streifen doppelseitigem Klebeband befestigen.

2 Drucken Sie das Foto auf Fotopapier aus und schneiden Sie es oval nach Vorlage zu. Kleben Sie das Foto mit den 3D-Klebepads in den oberen Teil der Karte und in die Mitte der Vlies-Kante.

3 Eine goldene „50“ aus dem Konfetti in die Mitte des Fotos kleben. Nun noch den Ziersticker „Einladung“ unten rechts auf der Karte aufbringen.

TOPP Karten

Anleitung für die Software „Vorlagen-Druckstudio 2“

Die beiliegende CD-ROM enthält sowohl das Computer-Programm „Vorlagen-Druckstudio 2“ als auch alle Materialien für die Modelle dieses Buches: Vorlagenzeichnungen, Einlegeblätter, Bilder, Textelemente etc. Hinweise zu den Systemvoraussetzungen finden Sie auf der hinteren Umschlagklappe.

1 Installation des Programms „Vorlagen-Druckstudio 2“

Legen Sie die CD-ROM in das Laufwerk Ihres PCs ein. Das Installations-Programm startet automatisch. Der Assistent führt Schritt für Schritt durch den Installations-Vorgang. Außerdem werden Verknüpfungen zum Start des Programms im Windows-Startmenü und – auf Wunsch – auf dem Windows-Desktop angelegt.

2 Start des „Vorlagen-Druckstudios 2“

Gestartet werden kann die Software entweder durch einen Doppelklick auf das Programmsymbol

auf dem Windows-Desktop oder über den Eintrag im Windows-Startmenü. Wenn bei der Installation die Standard-Einstellungen übernommen wurden, ist dies zu finden unter **Start / Programme / TOPP Vorlagen-Druckstudio 2**

3 Programmoberfläche

Das Programm enthält drei Hauptbereiche. Diese sind gleichsam auf „Karteikarten“ verteilt und mit „Karteireitern“ beschriftet. Gestartet wird auf der ersten Karteikarte „Karte wählen“.

Im Bereich „Aktuelles Buch“ ist der Titel, der gestartet wurde, zu sehen. Wenn die CDs von mehreren Büchern installiert sind, kann durch einen Klick auf den Pfeil rechts eine Liste aller Bücher aufgeklappt werden.

Verlassen können Sie das Programm entweder durch einen Klick auf das rote Kreuz rechts oben oder über den Eintrag „Beenden“ im Menü „Datei“.

Achtung: Wenn Sie CDs mit der ersten Version des „Vorlagen-Druckstudios“, die ausschließlich für die Erstellung von Vorlagen gedacht ist, installiert haben, können diese auch aus dem Programm der Version 2 heraus aufgerufen werden. Der Funktionsumfang dieser Druckstudios weicht jedoch von denen der beiliegenden Karten-Drucksoftware ab: Je nachdem welchen Titel Sie unter „Aktuelles Buch“ wählen, ändert sich auch das Aussehen der Programmoberfläche und das Angebot an Funktionen.

4 Modell auswählen

Darunter befindet sich unter „Modelle" eine Liste mit allen Motiven des Buches. Durch einen Klick auf einen Eintrag können Sie das Motiv auswählen, das Sie erstellen möchten. Im Vorschau-Fenster rechts daneben wird daraufhin das Motivfoto gezeigt.

Bei einigen Modellen befinden sich unter dem Foto zwei Schaltflächen. Hier kann zwischen der Motivansicht und einer Anleitung (zum Beispiel einer Faltskizze) umgeschaltet werden.

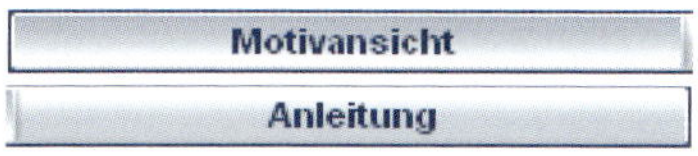

Klicken Sie anschließend auf 

, um zur Karteikarte „Vorlagenzeichnung auswählen" zu wechseln.

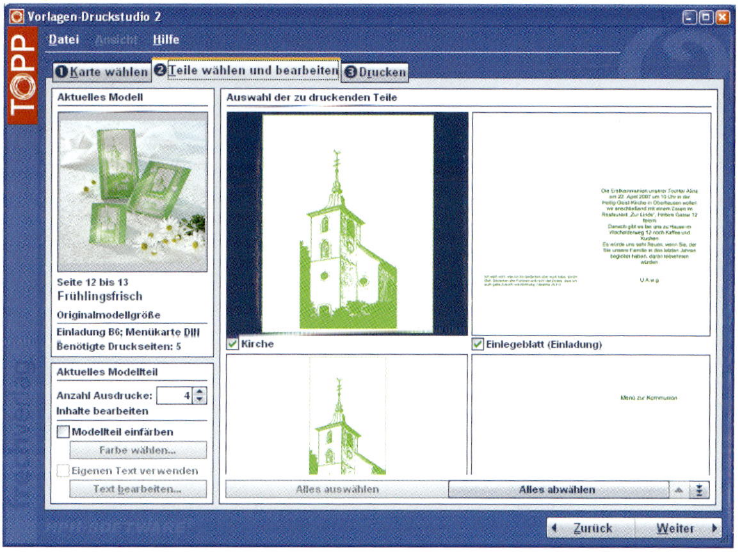

5 Teile wählen und bearbeiten

Auf dieser „Karteikarte" sind alle Einzelteile, die zu einem Modell gehören, dargestellt: Vorlagenzeichnungen, Bilder, Einlegeblätter etc. Wenn Sie nur einzelne Elemente eines Modelles ausdrucken möchten, können Sie durch einen Klick auf die Haken links neben der Bauteilbezeichnung auch einzelne Teile ab- und anwählen. Standardmäßig sind alle Einzelteile aktiviert.

Achtung: Die Größenverhältnisse der einzelnen Teile werden hier nicht richtig wiedergegeben, sondern jedes Element wird so dargestellt, dass es den zur Verfügung stehenden Platz optimal ausfüllt.

6 Anzahl der Ausdrucke bestimmen

Bei Karten ist es häufig sinnvoll, ein Element, zum Beispiel ein Bild, gleich mehrfach auszudrucken. Klicken Sie dafür mit der rechten Maustaste auf ein Element, um es auszuwählen – es wird blau hinterlegt. Wählen Sie anschließend unter „Anzahl Ausdrucke" die Anzahl, die Sie benötigen.

7 Bilder einfärben

Bilder – und auch aus Text gestaltete Bildelemente – können Sie nach Ihren Vorlieben einfärben. Wählen Sie dafür wie zuvor beschrieben ein Element aus. Dann klicken Sie auf „Modellteil einfärben". Es öffnet sich ein Menü mit einigen voreingestellten Farben. Unter „Weitere Farben" können Sie eine individuelle Auswahl vornehmen. Nach der Farbwahl sehen Sie in der Vorschau das Ergebnis.

8 Texte bearbeiten

Mit dem „Vorlagen Druckstudio 2“ ist es möglich, diverse Texte zu ändern und an seine individuellen Bedürfnisse anzupassen. Dies ist möglich bei einigen mit Text gestalteten Elementen und natürlich bei allen Einlegeblättern. Wählen Sie zum Ändern eines Textes ein Element per Mausklick aus. Schalten Sie anschließend die Verwendung eines eigenen Textes ein, indem Sie links unten neben „Eigenen Text verwenden“ durch einen Mausklick ein Häkchen setzen. Klicken Sie danach auf die Schaltfläche „Text bearbeiten“.

Es öffnet sich ein eigenes Fenster, in dem Sie den vorgegebenen Text beliebig bearbeiten oder einen neuen Text schreiben können.

Oberhalb des Textfeldes stehen Ihnen verschiedene Formatierungsmöglichkeiten zur Verfügung, wie Sie sie auch aus Ihrer Textverarbeitung kennen, z. B. Schriftauswahl, Schriftgröße, Kursiv, Fett, Schriftfarbe etc. Markieren Sie einen Text oder einen Textbereich mit der Maus und wählen Sie anschließend die Formatierungen nach Ihren Wünschen aus.

Durch einen Klick auf die Schaltfläche

wird der von Ihnen eingegebene Text in die Liste auf der linken Seite gespeichert. Durch einen Klick auf einen dieser Einträge können Sie den entsprechenden Text in Ihr Textfeld zurückholen.

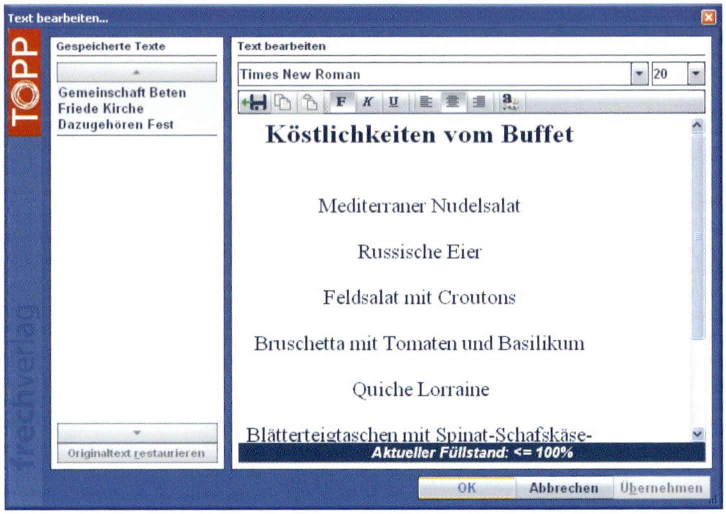

9 Eigene Fotos verwenden

Wird bei einem Modell ein Foto verwendet, so können Sie dies durch ein eigenes Bild austauschen. Wählen Sie dafür das entsprechende Element durch einen Linksklick mit der Maus an und aktivieren anschließend das Häkchen vor „Eigenes Bild verwenden“. Es öffnet sich der Dialog „Bild bearbeiten“. Klicken Sie auf die Schaltfläche „Bild öffnen“ und laden Sie das gewünschte Foto von ihrer Festplatte hoch.

Legen Sie anschließend den gewünschten Ausschnitt des Bildes fest, indem Sie den Auswahlrahmen mit der Maus vergrößern, verkleinern oder verschieben. Das Seitenverhältnis, das für das jeweilige Modell benötigt wird, bleibt dabei immer gleich. Klicken Sie anschließend auf die Schaltfläche „Ausschneiden“, um das Bild auf die gewählte Größe zuzuscheiden.

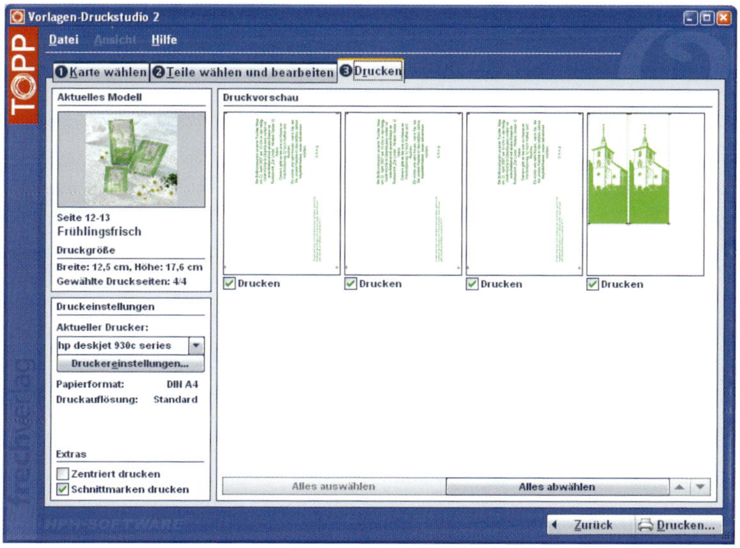

10 Elemente für den Druck auswählen

Unter jedem Element in der Auswahl der zu druckenden Teile gibt es links neben der Bezeichnung ein kleines Kästchen. Ist hier ein Haken gesetzt, wird dieses Element für den Druckauftrag berücksichtigt. Per Mausklick können Sie das Häkchen löschen oder wieder aktivieren. Um dies schnell und komfortabel für alle Elemente in der Liste gleichzeitig ein- oder ausschalten zu können, reicht auch ein Klick auf die Schaltflächen „Alles auswählen" bzw. „Alles abwählen" unterhalb des Auswahlfensters.

Achtung: Bitte denken Sie daran, dass die verschiedenen Elemente einer Karte unter Umständen auf verschiedene Papiere ausgedruckt werden müssen, z. B. ein Bild auf Transparentpapier und das Einlegeblatt auf weißes Schreibpapier. In der Anleitung jedes Modells ist angegeben, welches Element auf welches Papier gedruckt werden sollte. Wählen Sie daher auf der Karteikarte „Teile wählen und bearbeiten" immer die Elemente zum gemeinsamen Druck aus, die Sie auf eine Papiersorte drucken möchten.

Klicken Sie anschließend auf **Weiter ▸**, um zur Karteikarte „Drucken" zu wechseln.

11 Druckeinstellungen

Auf dieser „Karteikarte" sehen Sie im rechten Bereich eine Vorschau auf die Ausdrucke der ausgewählten Karten-Elemente. Das „Vorlagen-Druckstudio 2" versucht, die ausgewählten Elemente so platzsparend wie möglich zu positionieren.

In der linken Spalte gibt es unter „Druckereinstellungen" die Möglichkeit, zwischen verschiedenen Druckern zu wechseln, wenn Sie mehrere Geräte an Ihren Computer oder in Ihrem Netzwerk angeschlossen haben.

Links unten befinden sich noch zwei wichtige Einstellmöglichkeiten: Wenn „Zentriert drucken" aktiviert ist, werden die Druckelemente immer mitten auf der Seite platziert – andernfalls versucht das „Vorlagen-Druckstudio 2", die Elemente möglichst nah am oberen Rand anzuordnen.

Ist die Funktion „Schnittmarken drucken" aktiviert, werden um die auszudruckenden Elemente herum Hilfskreuze angeordnet, die Ihnen nach dem Ausdruck das Ausschneiden erleichtern.

Achtung: Es gibt Elemente, zum Beispiel Faltanweisungen, die für ein DIN A4-Blatt optimiert sind und immer zentriert ausgedruckt werden sollten.

Viel Spaß und viel Erfolg bei der Karten-Gestaltung mit dem TOPP „Vorlagen Druckstudio 2".

Claudia Heinen ist gelernte Industriekauffrau und wurde 1967 in Wuppertal geboren. Ihr Einstieg in die Kreativwelt erfolgte vor über 20 Jahren mit der Eröffnung ihres ersten eigenen Bastelgeschäftes. Dabei entdeckte sie neben ihren kaufmännischen Fähigkeiten auch ihre Affinität zur Kreativität. Im Laufe der Jahre hat sie alle kreativen Basteltechniken nicht nur miterlebt sondern auch immer mit ausprobiert. Und dabei ihr Wissen in zahlreichen Kursen als Kursleiterin weitergegeben. Bevor sie Anfang 2009 in ihrer Wahlheimat Köln einen Fachmarkt für Hobby- und Bastelbedarf eröffnete, verbrachte sie rund 10 Jahre im „Dienste der Kreativität" für die „Bastel"-Industrie in Süddeutschland.

IMPRESSUM

FOTOS: frechverlag GmbH, 70499 Stuttgart; lichtpunkt, Michael Ruder, Stuttgart
PRODUKTMANAGEMENT UND LEKTORAT: Mariel Marohn
GESTALTUNG: Atelier Schwab, Handewitt
DRUCK: frechdruck GmbH, 70499 Stuttgart

Auflage:	5.	4.	3.	2.	1.	
Jahr:	2016	2015	2014	2013	2012	[Letzte Zahlen maßgebend]

ISBN 978-3-7724-3969-8 • Best.-Nr. 3969 PRINTED IN GERMANY